Gott,

sei **über uns** und segne uns,
sei **unter uns** und trage uns,
sei **neben uns** und stärke uns,
sei **vor uns** und führe uns.
Sei du
die **Freude**, die uns belebt,
die **Ruhe**, die uns erfüllt,
das **Vertrauen**, das uns stärkt,
die **Liebe**, die uns begeistert,
der **Mut**, der uns beflügelt.

Dein Geist weht, wo er will.

Pfingsten – hier fängt's an

„Als der Pfingsttag gekommen war, befanden sich alle am gleichen Ort. Da kam plötzlich vom Himmel her ein Brausen, wie wenn ein heftiger Sturm daherfährt, und erfüllte das ganze Haus, in dem sie waren. Und es erschienen ihnen Zungen wie von Feuer, die sich verteilten; auf jeden von ihnen ließ sich eine nieder. Alle wurden mit dem Heiligen Geist erfüllt und begannen, in fremden Sprachen zu reden, wie es der Geist ihnen eingab. In Jerusalem aber wohnten Juden, fromme Männer aus allen Völkern unter dem Himmel. Als sich das Getöse erhob, strömte die Menge zusammen und war ganz bestürzt; denn jeder hörte sie in seiner Sprache reden."
Apg 2,1–6

Ich glaube!

Das Wort „Firmung" kommt von dem lateinischen Wort „confirmatio" und lässt sich am besten mit den Worten „Bestätigung" oder „Bekräftigung" übersetzen. Bestätigt werden soll die Taufe, der eigene Glauben an Jesus Christus. Nicht mehr und nicht weniger.

Unser Credo

Ich glaube an Gott,
    den Vater, den Allmächtigen,
        den Schöpfer des Himmels und der Erde,
und an Jesus Christus,
    seinen eingeborenen Sohn, unseren Herrn,
        empfangen durch den Heiligen Geist,
            geboren von der Jungfrau Maria,
    gelitten unter Pontius Pilatus,
        gekreuzigt, gestorben und begraben,
            hinabgestiegen in das Reich des Todes,
    am dritten Tage auferstanden von den Toten,
        aufgefahren in den Himmel;
            er sitzt zur Rechten Gottes,
                des allmächtigen Vaters;
    von dort wird er kommen,
        zu richten die Lebenden und die Toten.
Ich glaube an den Heiligen Geist,
    die heilige katholische Kirche,
        Gemeinschaft der Heiligen,
            Vergebung der Sünden,
    Auferstehung der Toten
        und das ewige Leben.

Amen.

FINGERABDRUCK

Davor kann ich nicht zurück.
Das ist eindeutig.
Durch ihn bin ich einmalig.
Ich bin nicht irgendwer.
Ich bin ich.
Ich bin geprägt,
nicht nur in meinem Fingerabdruck,
auch in meinen Gesten, Bewegungen, meinem Gesicht,
meinem Charakter – das heißt: „Eingegrabenes";
geprägt durch das, was war …
Freude, Liebe, Glück, Freundschaft,
Schuld, Enttäuschung, Schmerz, Einsamkeit.
So, wie ich bin, kennt mich Gott:
Mit all meinen Tränen und meinem Lachen,
meiner Güte und meiner Trägheit,
meiner Zuversicht und meiner Angst.
So, wie ich bin, nimmt er mich an,
liebt er mich,
gibt mir täglich neu die Chance,
aus meinem Leben etwas zu machen und neu anzufangen.
Grund genug, Ja zu sagen zu dieser Prägung Mensch.
Daraus erwächst Mut,
das notwendige Ja und das notwendige Nein zu sagen
und nach dem Gewissen zu handeln,
Eindrücke und Abdrücke zu hinterlassen.

GOTT IST NICHT …

wie ein alter Großvater, der von Zeit zu Zeit mit dem moralischen Maßstab nachsieht, ob auf der Welt alles in Ordnung ist, der wie ein strenger Lehrer für Ordnung und Disziplin unter seinen Menschenkindern sorgen muss, der wie ein Polizist Strafzettel für Vergehen vergibt und bei einem gewissen Maß den „Führerschein" entzieht.

GOTT IST …

wie ein Geliebter, der all mein Denken und Tun bestimmt und mein Leben völlig verändern kann, wie ein aus Liebe gemachtes Geschenk, das mein Leben nicht schwerer, sondern schöner macht, wie ein Wegweiser, der meinem Leben Richtung und Sinn gibt und mir so Mut macht, meinen Lebensweg zu gehen, wie ein Vater, der mich an der Hand nimmt und durch die Gefahren des „Straßenverkehrs" meines Lebens führt, wie ein Brückenbogen, der sich von einem zum anderen Ufer spannt und der mir Hoffnung gibt, einen Ausweg aus der Enge des täglichen Lebens zu finden, wie ein guter Freund, dem ich alles sagen kann und der an meinen Freuden und Schmerzen Anteil nimmt.

GOTT IST FÜR MICH …

Gott, segne mich,

damit ich singen kann,
auch wenn mir das Herz schwer ist,
damit ich sehen kann,
auch wenn Tränen meine Augen verschleiern,
damit ich hören kann,
auch wenn meine Ohren verstopft sind,
damit mein Mund reden kann,
auch wenn mir das Wort im Hals stecken bleibt,
damit ich gehen kann,
auch wenn meine Füße schleppend werden,
damit ich Gutes tun kann,
auch wenn meine Hände schmerzen.
Gott, segne mich, denn du schaffst Veränderungen,
die ich nicht einmal ahne.
Schweren Herzens kann ich wieder singen,
und mir wird leicht ums Herz.
Meine Tränen trocknen,
und meine Augen sehen deine überraschenden Wunder.
Meine Ohren lauschen,
hoffend hören sie die Stimmen der andern.
Mein Mund öffnet sich,
er kann dein Lob singen und trösten.
Meine Füße gehen, und die Hände tun,
was der Tag von mir fordert,
wenn du mich segnest.

Vater unser

Vater unser im Himmel,
geheiligt werde dein Name.
Dein Reich komme.
Dein Wille geschehe,
wie im Himmel so auf Erden.
Unser tägliches Brot gib uns heute.
Und vergib uns unsere Schuld,
wie auch wir vergeben unsern Schuldigern.
Und führe uns nicht in Versuchung,
sondern erlöse uns von dem Bösen.
Denn dein ist das Reich
und die Kraft
und die Herrlichkeit
in Ewigkeit.
Amen.

Our Father,
    Notre Père
who art in heaven,
    qui es aux cieux,
hallowed be thy name;
    que ton nom soit sanctifié,
thy kingdom come;
    que ton règne vienne,
thy will be done on earth
    que ta volonté soit faite
as it is in heaven.
    sur la terre comme au ciel.
Give us this day our daily bread;
    Donne-nous aujourd'hui notre pain de ce jour.
and forgive us our trespasses,
    Pardonne-nous nos offenses,
as we forgive those who trespass against us;
    comme nous pardonnons aussi à ceux qui nous ont offensés.
and lead us not into temptation,
    Et ne nous soumets pas à la tentation,
but deliver us from evil.
    mais délivre-nous du mal.
For the kingdom, the power, and the glory
    Car c'est à toi qu'appartiennent le règne, la puissance et la gloire,
are yours, now and for ever.
    pour les siècles des siècles!
Amen.

Du täuschst dich,

wenn du meinst, dein Weg könnte ohne Windungen verlaufen.
Du täuschst dich, wenn du meinst, der Weg verliert sich, weil so viele Dinge dich nicht sehen lassen, wohin er führt.
Wenn du meinst, der Weg sei lang genug gewesen, du könntest dich hinsetzen, ausruhen und schlafen, täuschst du dich.
Wenn du meinst, du seiest in einer Sackgasse, und es erwarte dich niemand am Ende des Weges,
täuschst du dich erst recht.
Du täuschst dich ebenso, wenn du meinst, ein Gott müsse den Weg unter deinen Füßen glätten.
Du täuschst dich auch, wenn du meinst, die anderen müssten einen weniger holprigen und mit Steinen besäten Weg gehen als du.
Geh, lass dich von dem führen, was für dich wesentlich ist!
Geh deinen Weg, und wenn du kannst, pfeife und singe.
Bleib unterwegs!

Gott als Vater ist wie die Sonne,

unvergleichlich größer und ganz anders anzuschauen als die Erde.
Unser Leben wäre ohne Sonne nicht möglich,
obwohl zwischen ihr und uns ein beträchtlicher Abstand ist.
Ebenso können wir Gott nicht schauen, er ist weit weg.

Doch die Strahlen der Sonne überwinden die große Entfernung.
Gottes Liebe kommt auf der Erde an.
Durch seinen Sohn Jesus Christus hat Gott den Abstand überbrückt
und sich zu uns auf den Weg gemacht.
Wir können ihn nicht fangen oder ihm entgegenkommen,
aber wir können ihn einlassen.

Wir spüren die wohltuende Wärme der Sonne,
wenn sie uns ins Gesicht scheint.
Ihr Licht setzt Vitamin D und Glückshormone im Körper frei.
Wenn Gott mit seiner Kraft in unserem Leben wirksam wird,
spricht die Bibel vom Heiligen Geist.
Wenn sich durch die Gegenwart Gottes etwas zum Guten wandelt,
Menschen wieder Mut bekommen,
Gemeinsames wächst und sich entwickeln kann,
dann dürfen wir sicher sein: Gottes guter Geist hat Einzug gehalten.

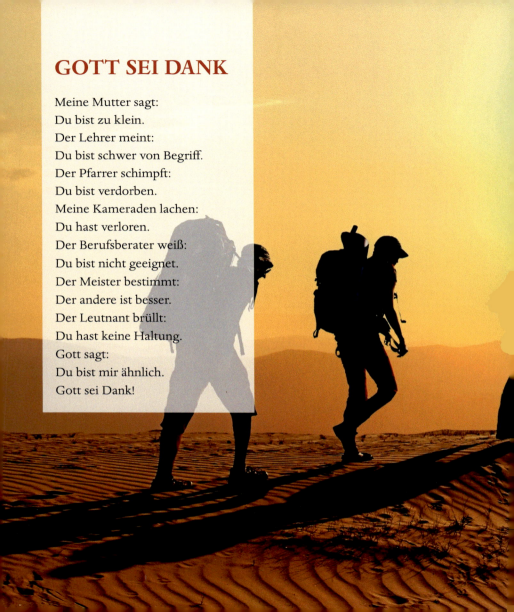

GOTT SEI DANK

Meine Mutter sagt:
Du bist zu klein.
Der Lehrer meint:
Du bist schwer von Begriff.
Der Pfarrer schimpft:
Du bist verdorben.
Meine Kameraden lachen:
Du hast verloren.
Der Berufsberater weiß:
Du bist nicht geeignet.
Der Meister bestimmt:
Der andere ist besser.
Der Leutnant brüllt:
Du hast keine Haltung.
Gott sagt:
Du bist mir ähnlich.
Gott sei Dank!